Moritz Wenninger

Vergleich von Präsentationsmedien und daraus abgeleitete Entscheidungshilfen für die Praxis

GRIN Verlag

Bibliografische Information der Deutschen Nationalbibliothek:

Die Deutsche Bibliothek verzeichnet diese Publikation in der Deutschen National-
bibliografie; detaillierte bibliografische Daten sind im Internet über http://dnb.d-
nb.de/ abrufbar.

Impressum:

Copyright © 2013 GRIN Verlag GmbH
Druck und Bindung: Books on Demand GmbH, Norderstedt Germany
ISBN: 978-3-656-35733-9

Dieses Buch bei GRIN:

http://www.grin.com/de/e-book/207948/vergleich-von-praesentationsmedien-und-
daraus-abgeleitete-entscheidungshilfen

GRIN - Your knowledge has value

Der GRIN Verlag publiziert seit 1998 wissenschaftliche Arbeiten von Studenten, Hochschullehrern und anderen Akademikern als eBook und gedrucktes Buch. Die Verlagswebsite www.grin.com ist die ideale Plattform zur Veröffentlichung von Hausarbeiten, Abschlussarbeiten, wissenschaftlichen Aufsätzen, Dissertationen und Fachbüchern.

Besuchen Sie uns im Internet:

http://www.grin.com/

http://www.facebook.com/grincom

http://www.twitter.com/grin_com

___ **Hausarbeit**

__X__ **Skript**

Thema: Vorstellung von verschiedenen Präsenationsmedien

und daraus folgend Entscheidungshilfen für den Einsatz

dieser geben

Fachmodul: Kommunikation und Präsentation

Studiengang: Bachelor Gesundheitsmanagement

Gruppe**:

(**nur auszufüllen bei Hausarbeiten als kollektive Gruppenarbeit)

Namen, Vornamen (bei kollektiver Prüfungsleistung alle weiteren Gruppenmitglieder eintragen)

Inhaltsverzeichnis

1 Vorstellung von vier Präsentationsmedien

Es ist kein Zufall, dass der Mensch zwei Augen besitzt. Körperlich nimmt der Mensch mit den Augen seine Umwelt wahr. Hätten wir nur ein Auge, könnten wir einen Gegenstand lediglich als existent erkennen. Unser zweites Auge verleiht uns die Fähigkeit einen differenzierteren Blickwinkel zu erhalten, wir können feststellen, wo genau sich der Gegenstand befindet, er lässt sich einordnen (vgl. TEPPERWEIN, 2005, S. 239).

Genauer gesagt nimmt der Mensch seine Umwelt zu etwa 78% über den Sinn des Sehens wahr (vgl. WEBER, 1990, S. 6).

Daher muss bei einer Präsentation etwas präsentiert werden, was von dem Sehsinn gut aufgenommen werden kann und somit die Aufmerksamkeit des Zuhörers oder besser gesagt des Zuschauers fesselt und nicht mehr loslässt.

Im Folgenden werden vier verschiedene Präsentationsmedien vorgestellt und deren Vorteile sowie Nachteile aufgezeigt und die Besonderheiten, die es bei der Präsentation zu beachten gilt, genannt.

1.1 Overheadprojektor

Als Tageslichtprojektor, auch Overheadprojektor genannt, bezeichnet man optische Bildwerfer, die auf transparente Folien angebrachte Schrift, Bilder und Grafiken vergrößert auf eine Bildwand projizieren (vgl. WIKIPEDIA, 2013)

1.1.1 Vorteile des Overheadprojektors (vgl. MOTTE, 2009, S. 158ff.)

Es ist erstaunlich, wie häufig heutzutage der Overheadprojektor Verwendung findet. Eine Reihe von Vorteilen hat ihm zu diesem Siegeszug verholfen:

- geringes Know How erforderlich – geeignet für Einsteiger

- fast überall Standartausstattung, daher kein Organisationsaufwand

- schnelle Inbetriebnahme, spontane Verwendungsmöglichkeit

- gute Aufbewahrung, Vervielfältigungsmöglichkeit und universelle Einsetzbarkeit der Folien

- flexible Folienreihenfolge lenkt und führt den Diskussionsverlauf

- Interaktion durch Folienstifte möglich, selbst der Zuschauer wird involviert, indem man ihn auffordert, etwas hinzuzufügen

- fertig vorbereitete oder ergänzbare Folien lassen Freiheiten

- für große Zuhörerschaften geeignet

1.1.2 Nachteile des Overheadprojektors (vgl. MOTTE, 2009, S. 160ff.)

- Gefahr der Unprofessionalität, PowerPoint wird teils erwartet

- Verrutschen oder Verkleben der Folien möglich

- Begrenztes Raummaß durch den begrenzten Schärfungsgrad der Linse

- Technisches Versagen möglich durch zum Beispiel Ausfall der Birne

- Gefahr der zu kleinen oder unleserlichen Schrift

1.1.3 Besonderheiten bei der Präsentation

Trotz der einfachen Handhabbarkeit des Overheadprojektors, gibt es einige Dinge, denen bei der Präsentation Beachtung geschenkt werden muss, um diese ansprechend zu gestalten.

So ist darauf zu achten, dass man den Projektor ausschalten sollte, sofern er gerade nicht gebraucht wird und einige Minuten keine Folien folgen beziehungsweise ein anderes Medium zur Visualisierung herangezogen wird.

Da im Vergleich zu einer Computer Power Point Präsentation das Material nicht in Datenform, sondern in Folien vorliegt, muss für ausreichend Platz gesorgt sein, um diese zügig auflegen zu können und ebenso geordnet wieder abgelegt werden können.

Weiterhin sollte sich stets vergewissert werden, dass die Abbildungsschärfe des Overheadprojektors immer genau ist (vgl. PIETER, 2012, S. 51).

Für Ergänzungen während der Präsentation ist es von enormer Bedeutung, eine saubere Schrift zu haben und groß zu schreiben, denn oft wirkt die Schrift beim

Schreiben direkt auf der Folie leserlich, doch vom Blick des Publikums aus, wirkt dies oft sehr klein.

Insgesamt muss auf eine gute Leserlichkeit und ausreichende Maßstäbe geachtet werden. Um die Aufmerksamkeit länger zu behalten und gegebenenfalls Spannung aufzubauen empfiehlt es sich, durchaus auch mal nur einen Teil der Folie zu zeigen und den Rest langsam zu erarbeiten und erst dann preiszugeben.

Eine neue Folie sollte angekündigt, aufgelegt werden, dann genug Zeit gelassen werden, um dem Publikum ein Erfassen dieser zu ermöglichen und letztlich diese erklärt werden (vgl. UNI DÜSSELDORF, 2001, S. 2f.)

1.2 Flipchart

Das Flipchart ist ein heute oft verwendetes Visualisierungsmittel.

Es ist ein großer Papierblock mit den ungefähren Maßen 70cm x 100cm welches auf einem dreibeinigen Gestell oder auf Rollen steht. Die Beschriftung erfolgt mittels dicken Filzstiftes (vgl. JUNG, 2007, S. 195).

1.2.1 Vorteile des Flipcharts (vgl. JUNG, 2007, S. 195)

- geringer Platzbedarf

- Vorbereitung der Blätter möglich

- Ergänzungen können schnell vorgenommen werden

- transportierbar

- einfache Handhabung

- energieunabhängig

- Aufbewahrung der Blätter möglich und Ergebnisse bleiben sichtbar

1.2.2 Nachteile des Flipcharts (vgl. JUNG, 2007, S. 195)

- Rückenansicht für die Teilnehmer beim Beschreiben

- Lesbarkeit der Schrift erforderlich

- nur für kleine Gruppen geeignet

- relativ teures Papier

- Korrekturmöglichkeit nur mäßig gegeben

1.2.3 Besonderheiten bei der Präsentation

Ein großes Augenmerk muss auf die Leserlichkeit der Schrift gelegt werden, denn auch hier sieht die eigene Schrift beim Beschreiben wesentlich leserlicher aus, als es diese für das weiter entfernt sitzende Publikum ist.

Von daher darf das Papier auch nicht überladen werden und in etwa maximal 10 Zeilen je Seite fassen. So sollten keine langen Sätze, sondern eher Stichworte verwendet werden und diese mit Überschriften gegliedert werden.

Einfach gehaltene Zeichnungen in Kombination mit verschiedenen Farben reichen schon aus, um etwas zu untermauern.

Um sich die Arbeit zu erleichtern oder komplexe Zeichnungen nur noch nachfahren zu müssen, kann man dünn mit Bleistift das Papier vorbereiten. Dies ist mit der Entfernung des Publikums nicht mehr zu erkennen (vgl. PIETER, 2012, S. 52).

1.3 LCD-Projektor / Beamertechnik

Ein LCD-Projektor oder auch Beamer genannt, ist ein spezieller Projektor, der Bilder, Schrift und Animationen aus einem visuellen Ausgabegerät für ein Publikum in vergrößerter Form an eine Bildwand projiziert (vgl. WIKIPEDIA, 2013).

1.3.1 Vorteile beim Einsatz eines LCD-Projektors / Beamers (vgl. MOTTE, 2009, S. 126ff.)

Diese moderne Möglichkeit zur Darstellung einer Präsentation bietet eine Menge Vorteile, indem sogenannte Eye-Catcher verwendet werden, die den Text nochmals unterstreichen und dies in hochauflösender Form (vgl. GAIL, 2006, S. 25).

- vielfältige optische Reize möglich

- Animation und Ton sprechen mehrere Sinneskanäle an

- gute Auflösung und Wiedergabequalität ermöglichen brillante Präsentation

- Flexible Anpassung an Raum- und Teilnehmergröße

- strukturierter Ablauf verhindert ein Durcheinander Kommen

- Einheitliches Folienlayout schafft Werbewirksamkeit

- gute Aufbewahrung, Vervielfältigungsmöglichkeit und universelle Einsetzbarkeit der Folien

1.3.2 Nachteile beim Einsatz eines LCD-Projektors / Beamers (vgl. MOTTE, 2009, S. 128ff.)

Zu Beachten ist, dass einige Argumentationen gegen den Einsatz eines Beamers aufgrund von lückenhaftem technischen Verständnis aufgekommen sind.

So sind die Nachteile durchaus mit eigenen Erfahrungen zu ergänzen.

Insgesamt sind diese aber nicht als Argument gegen diese Technik in Gänze zu sehen, sondern sollen ermutigen, sich nach einer nicht ganz optimalen Präsentation nochmals an den Versuch heranzuwagen, eine gelungene Folienpräsentation vorzubereiten.

- hohe Anschaffungskosten

- intensiver Schulungsaufwand für den richtigen Umgang

- recht viel Vorbereitungsaufwand

- Gefahr der Reizüberflutung

- Interaktion mit dem Publikum schwer, da Folien fest vorgegeben

- Gefahr die Effekte höher als den Inhalt zu bewerten

- Gefahr der Medienvorführung, statt einer lebendigen Präsentation

- technische Anfälligkeiten nicht ausgeschlossen wie falsches Format

- Verantwortungsübertragung auf Technik → Entpersonalisierung

1.3.3 Besonderheiten bei der Präsentation

Man kann sich die Gunst der Technik zu Nutze machen, dies sollte jedoch ausgiebig getestet werden. So ist es ratsam, die Kompatibilität der Systeme, Anschlusskabel und weiterer Dinge zu achten. Der Präsentationscomputer muss die Datei ebenso annehmen können, wie auch für raumfüllenden Klang durch entsprechende Boxen gesorgt sein muss.

Zu viele Effekte können eher verwirren und den Inhalt in den Hintergrund drängen und dadurch eher zu einer Art Filmvorführung verkommen, statt Informationen spannend zu vermitteln. Wenige und gleichbleibende Effekte reichen meist aus.

Stets sollte genug Zeit zwischen dem Weiterklicken einer Folie gelassen werden, um diese wirklich erfassen zu können.

Um Pannen vorzubeugen sollten die Folien ausgedruckt bereit liegen, um zum Beispiel auf den Overheadprojektor umsteigen zu können (vgl. PIETER, 2012, S. 54).

1.4 Moderationswand

Die Pinnwand oder auch Moderationswand genannt, ist ein weit verbreitetes Medium, welches durch seine einfache Handhabung überzeugt. So eignet es sich auch speziell für unerfahrene Moderatoren (vgl. MOTTE, 2009, S. 202).

1.4.1 Vorteile beim Einsatz einer Moderationswand (vgl. HISTORISCH-ÖKOLOGISCHE BILDUNGSSTÄTTE)

Durch die Größe der Moderationswand eignet sich diese besonders, um gemeinsam erarbeitete Ergebnisse festzuhalten und zu sammeln.

Weitere Vorteile sind:

- schrittweiser Infoaufbau möglich

- vorbereitete oder spontane Benutzung möglich

- Infos bleiben sichtbar und können umgehangen werden

- Einbeziehen der Teilnehmer

- häufig vor Ort verfügbar

- energieunabhängig

- Korrekturmöglichkeit gegeben durch viel Platz

1.4.2 Nachteile beim Einsatz einer Moderationswand (vgl. HISTORISCH-ÖKOLOGISCHE BILDUNGSSTÄTTE)

- hoher Platzbedarf

- beschränkt wiederverwendbar aufgrund schlechter Transportierbarkeit

- relativ teures Papier

- begrenzte Teilnehmerzahl

1.4.3 Besonderheiten beim Einsatz einer Moderationswand (vgl. MOTTE, 2009, S. 208f.)

Vor Benutzung sollte unbedingt der Härtegrad der Moderationswand getestet werden, um keine Überraschungen beim Anpinnen von Zetteln zu erleben, die entweder nicht richtig haften, oder fast schon in die Wand herein gedrückt werden.

Auch das Verhalten des Moderators spielt eine entscheidende Rolle, damit keine Redepausen entstehen und Arbeitsgruppen in Selbstgespräche abdriften.

Eine Hervorhebung durch verschiedene Farben und Akzente ist erwünscht, ebenso wie die Größe und Leserlichkeit der Schrift überzeugen sollte.

2 Gestaltungsbeispiele von Folien

Häufig werden Folien maßlos überladen, hier zu viel Text, da noch ein Bild, eine Tabelle hier und dann lauter Zahlen, am besten Prozentwerte mit zwei Nachkommastellen. Auch unser Auge braucht Raum – er ist nicht nur da, um ausgefüllt zu werden, sondern stellt ein wertvolles Instrument zur Erzeugung von einnehmenden und deutlichen visuellen Botschaften dar (vgl. REYNOLDS, 2010, S. 157f.).

2.1 Negatives Gestaltungsbeispiel einer Folie

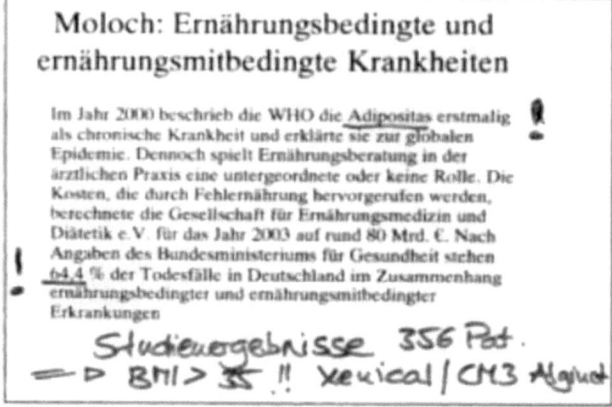

Abb. 1: Negatives Folienbeispiel (vgl. MÜLLER / SCHOLL, 2004, S. 116)

2.2 Positives Gestaltungsbeispiel einer Folie

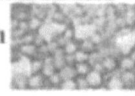

Abb. 2: Positives Folienbeispiel (vgl. MÜLLER / SCHOLL, 2004, S. 116)

3 Literaturverzeichnis

GAIL S.: Low Carb - Wirkungen Auf Gesundheit und Körperliche Leistungsfä-
higkeit, GRIN Verlag, München, 2006, S. 25

HISTORISCH-ÖKOLOGISCHE BILDUNGSSTÄTTE: Präsentationsmedien, o.J.,
online unter: http://www.hoeb.de/equal/praesentieren/Praesentationsmedien
%20Vorteile%20Nachteile.pdf [Zugriffsdatum: 13.1.2013]

JUNG H.: Controlling, Oldenbourg Wissenschaftsverlag GmbH, München, 2007,
S.195

MOTTE P.: Moderieren, Präsentieren, Faszinieren, W3L GmbH, Dortmund, 2009,
S. 126ff., S. 128ff., S. 158ff., S. 160ff., S. 208f.

MÜLLER S. / SCHOLL K.: Berufspraxis für DiätassistentInnen und Diplom-Oe-
cotrophologInnen, Hippokrates Verlag, Stuttgart, 2004, S. 116

PIETER A.: Studienbrief Kommunikation und Präsentation, Deutsche Hochschu-
le für Prävention und Gesundheitsmanagement, Saarbrücken, 2012, S. 51, S. 52,
S. 54

REYNOLDS G.: Zen oder die Kunst des Präsentationsdesigns – Mit einfachen
Techniken packend gestalten, Addison-Wesley Verlag, München, 2010, S. 157f.

TEPPERWEIN K.: Was dir deine Krankheit sagen will: Die Sprache der Sympto-
me, MVG Verlag, München, 2005, S. 239

UNI DÜSSELDORF: Medieneinsatz im Hochschulunterricht, 2011, S. 2f., online
unter: http://www.uni-duesseldorf.de/mehu/materialien/klassmed_ohp.pdf [Zu-
griffsdatum: 12.1.2013]

WEBER E.: Sehen, Gestalten und Fotografieren, Birkhäuser Verlag, Basel, 1990, S.6

WIKIPEDIA: Videoprojektor, 2013, online unter: http://de.wikipedia.org/wiki/Videoprojektor [Zugriffsdatum: 13.1.2013]

WIKIPEDIA: Overheadprojektor, 2013, online unter: http://de.wikipedia.org/wiki/Tageslichtprojektor [Zugriffsdatum: 11.1.2013]

4 Abbildungsverzeichnis

Anhang

Anhang 1: Vorteile und Nachteile des Overheadprojektors

Vorteile	Nachteile
Geringes Know How nötig	Gefahr der Unprofessionalität
Fast überall Standartausstattung	Gefahr der unleserlichen Schrift
Schnelle Inbetriebnahme möglich	Technisches Versagen möglich
Aufbewahrung und Vervielfältigung der Folien möglich	Verrutschen oder Verkleben der Folien möglich
Flexible Folienreihenfolge	
Interaktion durch Folienstifte möglich	
Blickkontakt nicht unterbrochen	
Fertige oder ergänzbare Folien möglich	
Für größere Zuhörerschaft geeignet	
Gute Gestaltungsmöglichkeiten	

Folie 1: Vorteile und Nachteile des Overheadprojektors

Anhang 2: Vorteile und Nachteile des Flipcharts

Vorteile	Nachteile
Geringer Platzbedarf	Rückenansicht beim Beschreiben
Vorbereitung möglich	Gefahr der unleserlichen Schrift
Ergänzungen spontan möglich	Nur für kleinere Gruppen geeignet
Transportierbarkeit	Relativ teures Papier
Einfache Handhabung	Korrekturmöglichkeit nur mäßig
Energieunabhängig	
Aufbewahrung der Blätter und Ergebnisse bleiben sichtbar	

Folie 2: Vorteile und Nachteile des Flipcharts

Anhang 3: Vorteile und Nachteile des LCD-Projektors / Beamers

Vorteile	Nachteile
Vielfältige optische Reize	Anschaffungskosten
Ansprache mehrerer Sinneskanäle	Intensiver Schulungsaufwand
Hohe Auflösung und Bildqualität	Hoher Vorbereitungsaufwand
Flexible Anpassung an Raum- und Teilnehmergröße	Gefahr der Reizüberflutung
Kein Durcheinander Kommen wie mit verklebenden Folien möglich	Erschwerte Interaktion mit Publikum, da Folien vorgegeben
Platzersparnis	Gefahr Effekte über Inhalt zu stellen → Medienvorführung
Einheitliches Folienlayout schafft Werbewirksamkeit	Technische Anfälligkeiten
Aufbewahrung und Vervielfältigung der Folien möglich	Gefahr der Verantwortungsübertragung auf Technik → Entpersonalisierung

Folie 3: Vorteile und Nachteile des LCD-Projektors / Beamers

Anhang 4: Vorteile und Nachteile der Moderationswand

Vorteile	Nachteile
Erarbeitung gemeinsamer Ergebnisse	Hoher Platzbedarf
Vorbereitete oder spontane Nutzung	bdeschr
Infos bleiben sichtbar und können umgehangen werden	Beschränkt wieder verwendbar aufgrund schlechter Transportierbarkeit
Häufig vor Ort verfügbar	Relativ teures Papier
Energieunabhängig	Begrenzte Teilnehmerzahl

Folie 4: Vorteile und Nachteile der Moderationswand